AF275335

LA ESTÚPIDA BELLEZA
DE LAS DEFLAGRACIONES

LA ESTÚPIDA BELLEZA
DE LAS DEFLAGRACIONES

BERNARD ENGEL

I PREMIO INTERNACIONAL DE POESÍA
MARÍA ROSAL

Número 475 de la Colección VALPARAÍSO DE POESÍA
dirigida por FEDERICO DÍAZ-GRANADOS

Diseño de colección y portada: Chari Nogales

Primera edición: abril de 2025

© De los poemas: Bernard Engel
© Diseño de portada: Bernard Engel

© Valparaíso Ediciones
  C/ Fray Leopoldo, 7 bajo, 18014 Granada
  www.valparaisoediciones.es

  ISBN: 979-13-87538-36-1
  Depósito Legal: GR 379-2025

  Impreso en España - *Printed in Spain*
  Gráficas Gami

Un jurado compuesto por la escritora María Rosal, como presidenta, la catedrática de la Universidad de Granada Remedios Sánchez García, y los poetas Raquel Lanseros, Antonio Praena y Federico Díaz-Granados, concedieron por mayoría el I Premio Internacional María Rosal, que convoca el Ayuntamiento de Fernán Núñez (Córdoba), a *La estúpida belleza de las deflagraciones*, de Bernard Engel.

Para Pala, que le puso escaleras a la infancia.
Para Alba, que me agarró la mano.
Para mi hermana, Tania,
cuyo abrazo fue el hilo que me amarró a la vida.

PRÓLOGO

Lo bello de la infancia es la falta de cuadrícula, se explora y eso es todo. En la inocencia no caben los bordes del adulto, la inocencia no se explica cómo sienten los grandes, cómo se callan, cómo es que no se mueren.

Ahí está el abismo, y en el abismo el libro que imagina la infancia, la llena, inventa puentes, los necesita. No se escapa de la ruptura, se intenta restaurar lo que es posible al tiempo que se entiende que el mundo es otra cosa y no esto que quisiéramos soñar, que quisiéramos crear, que no podemos.

Cuando leí por primera vez *La estúpida belleza de las deflagraciones* me nació un poema:

Un niño dice madre,
pinta blanco y cornisa
y le duele el tabique de tanto recordarla,
de olvidarla a la fuerza.

Un niño traza líneas con sus manos de adulto,
parte un dulce en la lengua con la sangre dormida
y se apaga los ojos.

Dice padre o hermana como dice fantasma,
dice madre con miedo
sin cielo
con mentira

y deja de llorar después del vientre
y se desangra blanco de silencio.

Un hombre de once años habla con el vacío,
asesina el origen,
trata de asesinarlo,
pero hay bordes suicidas que no le corresponden
y se queda con esto de la palabra herida,
de la ausencia de nombre,
de la literatura.

Yo, que no puedo verlo ni entender lo que dice
porque me faltan ojos y luces y blancura,
me borro en la ventana de su historia sin casa,
me asomo al abandono
empañada, distante,
con su grieta en el centro de un dolor casi mío
y no sangro
ni lloro
porque no sé tocarlo.

Ahora que vuelvo al libro con intención de prologarlo, reencuentro la certeza de que no hay manera de sentir profundamente al otro; hay siempre un espacio, una distancia, un vacío, que se cierra un poco, o eso parece, en la poesía.

ALEJANDRA ARIAS

1/ REVENIR

La historia de mi vida no existe. Eso no existe. Nunca hay centro. Ni camino, ni línea. Hay vastos pasajes donde se insinúa que alguien hubo, no es cierto, no hubo nadie.
MARGUERITE DURAS

Lo terrible es el borde, no el abismo.
PIEDAD BONNETT

La tarde se suicida desde el puente.
ANAIS VEGA

I/

Este verso imposible,
este surco impecable y sin fisuras,
arado en un silencio que va de orilla a orilla,
lo escribe un niño triste que apenas se comprende,
pero adivina algo en las palabras que se parece al fuego
-es decir, que hipnotiza-.

Parece el mismo niño.
Su cuaderno es idéntico.

Ayer, sin ir más lejos, en su blancura intacta,
el niño manejaba su compás infinito para dibujar
    círculos perfectos
que le daban al mundo rotundidad de mundo,
y afilaban sonrisas en su rostro —blancas, como la página—
donde nunca fue escrita
la sílaba del miedo.

Parece el mismo niño.
Su cuaderno es idéntico.
Lo que dista es el gesto.
Lo que ayer era forma, es hoy palabra.
Lo que antes era ubicuo, se ha hecho errático.
Donde antes hubo círculos por donde nada huía, hoy, sólo
la hendidura.

Desde cada vocablo se desgaja en silencio (y a modo de pregunta),
la palabra *sentido*.

Este gesto infinito de deshojar la niebla lo esboza el niño triste
que entonces ignoraba que iban a ser idénticos
los cuadernos y el miedo,
y que aquel gesto errático del que escribe preguntas,
iba a ser el de Sísifo cuestionando a la roca.

Uno que ha visto círculos imperfectos y bellos al caer
de una lágrima sobre un beso hecho tinta,
y sabe, en cierto modo, que nombrar la cuchilla
puede hacer que apuñale
la palabra *cuchilla*,
sin que eso, sin embargo, dé sentido a la sangre.

Ese niño que apenas me devuelve el espejo,
el que parece incrédulo,
el que sigue buscando la palabra precisa
para decir *vacío*,
se planta en los albores de este libro
con algo de humedad en las pupilas.
Me mira.
Me pregunta qué ha pasado.

II/

Hay algo entre sus ojos y esta foto de mi infancia
que apenas me sostiene.

En las fauces del tiempo existe un círculo.
El niño no lo sabe todavía.
En su mirada ingenua, sostenida en los brazos de
    una madre que abraza,
la vida tiene formas poliédricas y bellas
y el futuro es un ave que vuela en línea recta.

No intuye aún, el niño, que en la tráquea del tiempo
existe un círculo
que sólo tiene bordes.

Yo, que apenas soy ese,
que he sido de algún modo masticado por lo que fue el futuro
en esta foto,
yo que busco en sus ojos una línea para unir mis palabras
a su ausencia,
que invento biografías,
que nunca rompo lápices,
que doy forma al silencio
con la misma paciencia
con que uno gasta el tiempo
fabricando relojes,
me adentro sin certezas en su nombre.

Voy río arriba, al círculo, hasta el acantilado
por donde los recuerdos se despeñan, inútiles,
dejando en la retina lo preciso,
lo preciso, nomás, para ir viviendo.

III/

Todo por qué supone desmasticar un tiempo
que a veces, es el nuestro, y otras veces es canto.

No importan las preguntas.
Por qué esta boca es mía.
Por qué llueven cristales.
Por qué la hierba es verde si la esperanza es ocre.

Todo es narrarse. Canto.
Un canto hecho de cantos.

Todo es narrarse, digo,
y en el acantilado de mi olvido
hay otro olvido, ajeno,
y en ese hay otro, y otro.

Puedo lanzar la piedra.
Mientras se cae existo de un modo lento y turbio
donde alguien dijo algo, y alguien desdijo a ese,
y otros tantos dijeron lo que muchos callaron,
y lo que queda es esto.

Un canto hecho tan solo con migajas de canto
que reparten la culpa.

Y a veces voy ligero.
Y otras, no me soporto.

IV/

El que traza esta línea,
el que medita el gesto de cruzar este espejo con *porqués*
   en las manos,
sabe que los espejos que separan los siglos
son las ruedas dentadas que mastican el tiempo.

Pero aún así atraviesa las fronteras del frío,
y al cruzar, está el agua.
No sabe bien si un lago, o si un estanque,
pero recuerda formas —es decir, imagina— de piedras
   grises, llanas,
ligeras como sueños en los dedos de un niño.

Y recuerda aquel gesto que hace del brazo, látigo,
y a un hombre que le enseña (y al que le dice padre),
y la imagen rotunda de aquel sueño imposible rodando
   sin mentiras
sobre la piel del agua.

Cuatro saltos salvajes, equidistantes, limpios,
visibles por los círculos que se extendían, mágicos,
   hasta la orilla de este recuerdo
conservado, quién sabe si con formol, o lágrimas.

La memoria es el agua.
Lo que siempre fue duda, de pronto es comprendido,
pero siempre de un modo que es más barro, o arcilla.
Y esta imagen —que es muchas—

en que las piedras llanas levitan como sueños de ese niño
    que sueña
con cada vez más saltos, y más lejos, más limpios,
y círculos concéntricos y veranos impávidos,
trae de pronto a ahora, algo que no fue visto y escapó a
    los diarios.

Aquellas piedras, todas, acabaron ahogándose.

V/

Ayer siempre es ayer, o casi siempre.

Hoy, por arte y prodigio del silencio,
vuelvo a tener catorce y un pupitre frente al que espero
a que Clara cruce la puerta, abra la boca, y sólo con su voz
nos coloque en el aula ventanas hacia el mundo.

Irrumpe como siempre. Con su siempre sonrisa.
Y como siempre dice que la literatura.

Pero hoy algo es distinto.
Sobre una tela blanca parecida al silencio
el futuro atardece, y es de un rojo tan rojo que hace gris
la mirada,
y es grito
y es recuerdo.

Yo, desde mi pupitre y un presente de formas que se escapan
deformándose hacia un olvido lento y estridente,
creo entender a Münch.

Hay un gorrión (quién sabe si queriendo salvarse)
y una tarde agoniza (quizá sólo en mis ojos).

Yo entiendo sin palabras que el silencio de un óleo
puede dejar los tímpanos desiertos
y dar niebla y cenizas a la palabra *nunca*.

Todo se escurre y grita.
Todo grita y avanza.
Todo se me oscurece de temblor y violencia.

Con las manos me tapo los oídos.

Y aún así todo grita desaforadamente
desgarrando la carne desde adentro.

VI/

Todo comienza aquí.
Antes no existe nada.

Somos tan solo olvido. Sólo eso.
Pero sucede a veces que en el despeñadero que es el tiempo,
se conserva un instante, *cristal irrepetible*,
que le impone bemoles al futuro
y tiñe de otros grises a la palabra *historia*.

Este es uno de esos.
Uno de esos instantes en que el cuerpo es arcilla
y el tiempo es una mano que nos esculpe surcos.

Surcos, herida, tiempo.
Siempre digo lo mismo.

Hoy tengo dos ojos dulces, y once años,
y unos dedos que tienden a los colores vivos.

Tal vez sea por eso,
por los colores vivos,
o por mis once años,
o por mi mano torpe —eso, en verdad, no importa—
que al ver el caramelo en la encimera donde mi madre
     pone pinturas que no uso,
lo abro con la inocencia de quien dibuja círculos,
y pienso un polvo blanco que crepita en la lengua
y abre puertas a un mundo de placeres y azúcar.

Pero el polvo es amargo, y yo he visto películas.
Es por eso —seguro— que al lamer lo que pudo ser
     nube o paraíso
se me duerme la lengua
—y eso parece poco—
pero cuando regreso
(repito, es un instante)
se me han roto los sueños
y la infancia
y el mundo.

2/ FRAGMENTOS

Después de la tristeza, no hay nada más exacto que las seis de la tarde.
MATILDE ESPINOSA

La memoria sabe lo que debe guardar entero.
JULIO CORTÁZAR

Yo no nací.
Ni cesárea, ni parto natural.
Yo fui esnifado.

**

Escribo. No sé por qué lo hago si es inútil, y cada vez sé más que no se puede decir con las palabras. Tal vez sea por eso. Para delimitar. Escribir lo posible de lo que sí se puede para delimitar aún más la frontera de lo que no, de lo imposible. Porque sin las palabras… y así todo. Avanzar en lo inútil para reducir lo que no se puede a una parcela cada vez más estrecha de cosas no dichas que puedan por lo menos distinguirse desde aquí, desde este lado del muro, donde queda dicho todo lo que no importa porque ha sido dicho, ha logrado ser dicho y por lo tanto existe de un modo en que no podría existir lo otro, lo inexpresable, que está siempre (y esto lo sabe todo el mundo) más cerca de la piel que del silencio.

EXILIO

Aterrizo en el mundo.
Desnudo como todos.
Como todos, hambriento.
Como todos, con sed en la mirada,
bañado en llanto y sangre.

A mis ojos novísimos los acuchillan luces que aún no sé
    comprender.

Tal vez sangren los ojos.

Alguien que no conozco me sostiene en sus brazos,
y sin duda ese alguien sabe que nacer es un duelo
y hay un lugar del mundo (único en cada rostro)
donde el duelo y el hambre son más canción que grito.

Entre ternura, y niebla,
y amanecer, y lástima,
su rostro me regala una sonrisa
—o eso imagino ahora—
y cuidadosamente va a acercando
mi cuerpo diminuto y sin espinas
al pecho de mi madre
—que es el pecho del mundo—.

Yo, recién exilio,
hambriento como todos,
como todos, instinto,

me aferro al lugar único, succiono,
y de las ubres brota un hilo lento
con cierto hedor a químicos,
un color verde uranio,
y esa oscura violencia que tiene la mentira.

***

Sueño que estoy en un cuarto —dice la voz—. Un cuarto pequeño que está en una esquina de la segunda planta de la casa que está oscura, y yo oscuro en el cuarto pero no en el cuarto. En el cuarto, en la segunda planta, digo, pero en el cuarto, sin estar hay una ventana y una puerta que dan afuera y adentro. La ventana, eso. La puerta sólo adentro. Y yo sin estar estoy constantemente dando pasos, pero no me muevo, de la ventana a la puerta y a la ventana otra vez. En la casa hay un jardín también oscuro, una fuente de piedra con unas figuritas que están rotas y mamá no aparece, y en la que el agua no fluye, está estancada, verde como yo en el cuarto estancado y verde, como con la esperanza de ver llegar a alguien a través de la ventana, ya no mamá, ni eso, pero alguien. De vez en cuando no estoy allí tampoco en la ventana, sino en la puerta, justo debajo del marco. A veces abro la puerta del cuarto que está en una esquina de la segunda planta, y desde mis ojos se extiende una casa, no un hogar una casa que está oscura, negra, es una casa negra, enfrente hay un salón, una ventana con rejas por donde podría entrar la luz de una farola pero no entra, se queda fuera la muy puta, y a la izquierda un pasillo y varias habitaciones, todas vacías, y unas escaleras que bajan al silencio y en algún sitio, en algún sitio digo hay una hermana que está allí, pero tampoco, una hermana que sueña que está allí y abre también la puerta y ve lo mismo…

NO NACIDO

Yo no nací del vientre de mi madre.

El feto sin edad que fue expulsado de aquel lugar ubicuo,
aquel cuerpo pequeño, sin pasado, incipiente,
ese rostro bañado por el líquido amniótico
y empapado de luz,
no tiene nada que ver conmigo.

Yo soy tiempo y vacío.
La sombra que se queda tras el deslumbramiento.

Yo no nací del vientre de mi madre.
Soy hijo de su ausencia.

***

Has cruzado el umbral. Has invocado al fuego. La palabra precisa para decir vacío —lo has de saber— no existe. Tú me lanzas preguntas para poder narrarte. Te devuelvo cenizas. Se está secando el tiempo y tú me vienes a preguntar razones, a buscarle sentido al sinsentido.

Hay algo que se ha roto. De este lado las sombras son una ausencia larga que deambula por las habitaciones, y sólo sé decirte que la palabra *pérdida*. Que tengo un miedo atroz. Tengo un miedo metálico de puntas que me parten la infancia, y hay algo que se ha roto y sólo espero, sin mirar los relojes, con los ojos espero, con la mirada blanca como un pájaro espero que la palabra *pérdida* sea sólo una anécdota.

Solamente una anécdota.

Una pequeña anécdota.

CRACOVIA,1939 – VALENCIA, 2001

Todo porque dos células se hablaron,
y Polonia ardió en llamas, y hubo *adóndes*,
y les cupo una vida en la maleta,
y mi abuelo sostuvo su verdad con los dedos.

Todo porque su nombre se dividió en dos cuerpos.
Y la luz se detuvo en sus miradas.
Y alguien cambió su ruta para decir *te amo*.

Todo porque su voz, quiso ser muchas,
y esa noche las sábanas llovieron,
y se mantuvo herido el cromosoma.

Todo porque hay dolor, y no palabras,
y el vacío rodó por las aceras,
y mi madre le quiso dar largas a su llanto,
y esa noche un camello pasaba por allí.

***

Ya no sé distinguir. Se me confunde todo la verdad se diluye y es extraña esta cosa: la visión. Mamá enrolla un billete, imagino, no sé. Mientras suena la música —una canción en bucle— pinta no una tres, tres rayas largas y alguien dice, es un amigo suyo dice lo siento, su estado es este, es grave, y exiliada en un lavabo se desangra mi vida ya no sé si la veo, sé que la veo, sí, eso lo sé, pero la realidad, qué es eso, conjeturas, tan solo conjeturas. Alguien canta y la veo, veo a mamá que sufre, que llora, que no quiere pero aún así alguien canta dime, dime cómo huele el viento desde tu tabique blanco, y ella hace el gesto tres veces, tres veces hace el gesto no espera y alguien llora no sé si ella, o el mundo, o yo pero alguien llora y eso es cierto, pero no lo es la imagen. O sí. No sé. Son todo conjeturas.

UN DIA YA NO HAY DUDA,
HAY ESPERANZA.

Se me ha roto la tarde entre las manos,
se desangra la vida,
se desangra,
y sin embargo hay algo en mí que piensa:
esto tendrá sentido.
Algún día algo de esto tendrá cualquier sentido.

Y el pájaro parece tan lejano.

***

No se puede explicar. Todo se ha roto. El mapa, el sueño, todo, la noche el día todo, todo ha empezado lento a deshacerse como, a consumirse como, no sé. De repente la casa está en el centro, y mi madre en el centro de la casa, y el tabique en el centro de mi madre y eso que sostenía ya no existe. La necrosis. La isquemia. Ha ido tomando todo desde el centro, toda la vida, todo, el paladar perforado, mi madre perforada, el hogar perforado, perforado el hogar que se desangra cada vez que entra en el baño y sigue, vuelve, expira con violencia la hemorragia para poder seguir con el desastre y otra vez, otra raya, va añadiendo silencio en el silencio, va a horadando el silencio, va poniendo silencio en el silencio,

silencio en el silencio,

silencio.

LA PALOMA

Tengo fe —lo recuerdo—.
Tengo fe en la palabra.
Tengo fe en que un discurso perfectamente hilado,
que diga mi dolor,
mi *blanco-blanco*,
ponga en el mundo puertas para escapar del mundo,
y en la casa ventanas que escapen de la casa,
y en mi madre razones para querer salvarse.

Es por esa certeza, por esa fe intocable,
que antes de ir sin escudo a la estocada
voy tejiendo palabras con precisión de orfebre,
y hablo conmigo mismo
(madre adentro),
y expongo con la lógica de quien calcula nubes
lo absurdo del dolor,
lo circular del círculo,
los motivos que existen de un modo que es destello,
y el amor,
el amor de su carne como argumento último
que a mis ojos parece la flor irrevocable.

Y entonces, sólo entonces, cuando he tejido el llanto
y he urdido las repuestas a todas sus respuestas,
hago con mi esperanza lo que el pájaro hace con el viento
(es decir, que la empujo).
Busco el lugar preciso, el momento, la voz,
digo *mamá*, y *amor*, y la palabra

se escapa de mi boca hecha paloma,
se estampa en la ventana,
se hace inútil.

***

Mamá dice *no sé*, lo intenta, miente, o yo creo que miente, me explica que no es coca, balbucea palabras sin sentido cuando lloro que sé, que yo sí sé, y entonces miente, de nuevo miente más, dice que guarda, que un amigo ha pedido y sé que es eso la mentira pero no la mentira de cualquiera, de mi madre, mi madre, ¡mi madre la mentira! y yo suplico, suplico sólo eso poca cosa que confiese, que diga la verdad y entonces llora, terriblemente llora dice lágrimas llora *cómo puedes, cómo hijo mío cómo cómo puedes* y entonces dudo, pienso que tal vez eso, dudo dudas. ¿Y si es verdad? Perdón. *Perdón mamá perdón*. Y siento culpa.

LA PROMESA

Cuando algo era innegable,
mamá, deslagrimada, prometía.

Entre un silencio y otro,
entre mocos y un grito,
mamá usaba ese verbo
como quien dice bolsa,
y daba mapa y rumbos a la palabra *nunca*.

Mapa, rumbos, silencio.
Siempre digo lo mismo.

Prometer es decir,
es decir, nada.

***

Otra vez es la ausencia. La casa sin lugar. La voz inútil. Hace un segundo vida. La vida. Una paloma viva devorando en la acera poca cosa, ya ves, tan solo un chusco de pan lanzado al suelo, para mí poca cosa, pero para ella, para la paloma el chusco lanzado al suelo por alguien que sin duda cree en la vida, que no sabe no piensa en que dos segundos más tarde la paloma, esa misma paloma que se agita, que corre, que picotea el chusco y quizás, quizás incluso alegre, feliz de ser paloma y no tener otra cosa que hacer que devorar un chusco de pan lanzado al suelo por alguien que creía (y que sin duda aún cree) iba a ser otra ausencia, otra anónima muerte de paloma, instantánea, brutal, aplastada sin peso bajo el peso impensable de una rueda y quién sabe, quién sabe si esa ausencia es así como parece, súbita, breve, o si por un segundo la paloma…Y sobre todo quién. Quién puede. Quién lo sabe. Quién sabe cuánto dura ese segundo en el reloj sin pilas de la muerte.

VALENCIA, 2002

En la edad geológica del niño que fui siendo
las fallas nunca fueron lo que hace las montañas,
sino una guillotina
que degollaba inviernos
y anunciaba las flores
con fuego y pirotecnia.

La cosa era muy breve.
Un día hacía clase y yo iba al frío,
y al otro me abrigaban trozos de tela simples
mientras brillaba el cielo
y era noche
con azules infancia y verdes imposibles.

Siempre ocurría en marzo.

Mientras soñaban lento los niños andaluces
y hacían ecuaciones murcianos o extremeños,
aquí ardía la pólvora en los parques
y se ahuyentaba a enero
como se va a una guerra
(es decir, con canciones).

Como explota un petardo.
Como prende una hoguera.
Así pasaba todo por las nubes de marzo mientras yo
(ya no el niño) comprendía
la secreta violencia con que pasan los años,

ese manso silencio que se esconde en la música,
la estúpida belleza de las deflagraciones.

***

Dónde acaba la casa —pregunta la voz—. Hasta dónde se extienden las ausencias la luz, que no penetra en la ventana, los pasillos la noche hasta dónde se puede extender la noche no sé. No sé. He tratado de huir y no sé adónde, pasa como en un sueño pasa, un sueño oscuro, raro, pesadumbre, pasa que yo camino, recorro este pasillo, abro la puerta, escapo, y el pasillo la casa se estiran como un chicle y me persiguen, y mis pies pesan mundo, y es difícil, difícil, cada vez más difícil cada paso porque la casa se estira, y el grito se estira, y el miedo y la mentira y el tabique desangrado de mi madre se estiran tanto, todo, como un chicle pegado a mis zapatos y es imposible huir, no ser la casa, esto que cargo esto que no cabe en la sílaba y adonde voy la casa me persigue.
Con todo su silencio
        y su desastre.

PARA QUÉ

A veces me pregunto
dónde está la poesía.
En este surco, dónde,
eso que nadie sabe,
la poesía,
si es que existe algo así.

Es tan fácil buscarla en la luciérnaga,
en el mar, en las cosas, en la noche,
es tan ínfimo el gesto, tan sencillo, de amar o de
morirse.

Pero aquí, en el desastre,
en esta cosa lenta que avanza lentamente,
dónde está la poesía
y sobre todo
de qué sirve encontrarla.

***

Hoy hace siete días que vivo en los umbrales. De la ventana a la puerta, y viceversa, y tanto que ahora el cuarto es también eso, un umbral, un borde simplemente que separa la ventana y la puerta por donde a veces paso para mirar afuera, o adentro, según se mire y esta cosa, esta cosa que pasa lenta como una nube, este segundo, me parece también que es algo así.

No ha llegado mamá. La he imaginado muerta. He abrazado a mi hermana y he llorado. Hemos llorado juntos la muerte de mamá que no se ha muerto porque para que hubiera muerto nos haría falta un cuerpo y ese cuerpo no existe pero no es verdad, porque más que imaginar la he visto, la he visto morir de todas las maneras en que uno puede ver morir a alguien, y estaba en la carretera, y un coche hecho pedazos y su cuerpo pero no. No es posible eso sin escándalo alguno, una llamada algo, y entonces he visto morir a mamá ya muerta en el suelo mugriento de un baño rodeada de orines que no sé dónde está, y un espejo con sangre, y la nariz también con sangre, y los ojos blancos abiertos blancos y también rojos sangre qué terrible, qué terrible ha de ser qué insoportable morir y verlo todo, estar muerta y quedarse con los ojos abiertos.

AL MENOS ES MORTAL

Los círculos no acaban.
Si eran ciertos los mitos,
Sísifo todavía se derrumba cada vez que la roca se despeña,
y aún llora Prometeo cada vez que ve al águila acercarse
para dejar el hígado desierto,
y Tántalo es su sed, y sólo eso.

Y mi madre,
que ha llevado el incendio a sus entrañas,
que da otra vez el hígado para que coman buitres,
y cada día trata de empujarse hacia cumbres que se
    quiebran
con sólo una llamada,
ella, que busca paraísos gramo a gramo
y sabe de su sed que no se sacia,
—mi madre, digo— es ya su propio infierno.
Y mañana lo mismo.
Y así siempre.

Mamá duerme como si estuviera muerta. Siempre. A veces mi hermana y yo despertamos para ir al colegio y ella duerme como duermen los muertos, rodeada de cajas de pastillas con nombres que no sé TrankimazinRohipnolLorazepam, y que nos hacen pensar suicidio, y sábanas manchadas por la sangre y sabemos, sin embargo, que aún vive, porque su respiración es fuerte, como si fueran ellos, sus órganos, no ella ellos los que se aferran a la vida, los que a pesar de ella la mantienen yo no sé de este lado, cerca, dormida pero cerca de algún modo y eso no es mucho, no, no es mucho pero es algo. Y decimos *mamá, mamá*, varias veces decimos y miramos la hora y el colegio, pero mamá gruñe, gruñe como diciendo, pero no dice, aunque entendemos, y entonces nos callamos, y perdemos el bus, pero está viva, está aquí, y es para estar tranquilos.

EN EL VACÍO

En la casa vacía, en el silencio,
en la luz que no prende y nadie cambia,
en el quebranto
de un teléfono móvil que espera una llamada que no
suena,
en los buses perdidos,
en la sartén quemada,
en la piel, en la piel,
en el hueso partido,
en los nudillos rotos de impotencia,
en la sangre,
en la papela vacía que alguien ha relamido y ha olvidado
esconder porque no importa eso ya no importa, en la sangre,
en el tabique, en el tabique roto desangrado,
en la oquedad que habita el ancho espacio donde antes
era el mundo
respirable,
allí,
allí donde no existe la poesía,
la poesía nace
como un mal necesario.

***

Cuando despierta grita. Abre los ojos grita. Mira la hora grita. Son las tres de la tarde desgarradoramente grita no comprendo. Digo grita y es eso pero a la vez el blanco, la tinta negra el blanco de este papel, el blanco, todo es insuficiente. Haría falta roja, tinta roja tal vez y papel rojo para decir la forma de este grito desgarrador el grito a todo al mundo, a mi hermana y a mí y a la pared el grito no importa dónde el grito en el espejo el grito sí, sobre todo allí. Es más bien un bramido, un Animal el grito o una Bestia y claro, hay que gritar al grito, llorar o gritar para descomprenderse de un modo que alcance a tener algún sentido y al principio es el llanto, es no entender el llanto, pero al final ya no, no más el llanto no hay que rebelarse, alzar algo las armas contra el grito, no contra ella el grito que no es de ella es otro y todo avanza. Es como una radial cortando el hierro sólo que no es el hierro, sino la carne el hierro está en la carne como si un cerdo, un cerdo que sabe que va a morir porque apesta la sangre y está su hermano muerto despellejado muerto colgado en una sala de despiece, y él lo ve desde un pasillo angosto, tan angosto que no puede dar la vuelta y entonces no es un grito, no, no un grito es otra cosa. Hay que haber sido un cerdo cercado por la muerte para entender el modo en que esto ocurre.

PŌWEHI

Poco a poco la historia fue siendo menos eso
y más nube en el mapa,
o canción, o ceniza.

Como si lo preciso para ir viviendo fuese cada vez más
silencio,
se me fue convirtiendo vivir en precipicio,
y aquel recuerdo inútil que antes se despeñaba
fue cada vez más ágil en el arte del salto.

La memoria aprendió que es más útil la nada,
y ahora sólo es eso:
un agujero negro del que ya no regresa
ni la luz.

***

La palabra precisa para decir *vacío*. Para nombrar el cuerpo de la nada, el grito estremecido de los pájaros huyendo de la lluvia que soy —y es verano, no llueve, nunca en verano aquí— pero decirlo, volver a repetir el gesto inútil de intentar decir eso mientras la sombra avanza y va tomándome, y la mano que esculpe se ha afilado de puntas y cuchillas, y va horadando un cuerpo cada vez más, o menos, o menos cuerpo y más entretejido de oquedades sin nombre, de ausencia, nada, nada, y mientras una mosca, una mosca qué simple es una mosca, no una mosca, esta mosca, esta mosca concreta, agoniza en la mesa mientras busco palabras que ella no necesita porque un zumbido basta, ese zumbido basta desesperado, torpe, para no decir nada, y sin saber por qué se me escape una lágrima.

LA ESPERA

Hoy regreso al pupitre y a la ventana opaca
que une mi mundo al mundo
—como siempre, con cantos—.

Sobre el despeñadero de esta memoria lenta
se me abisma la frase
de las revoluciones.

Mi libertad termina donde empieza
el infierno que es a veces *el otro*.

Pero hoy esta ventana da hacia el mundo,
y el centro de mi mundo —ya lo he dicho— es la casa.

Es por eso -supongo- que reformulo el viento,
y hago *historia* la Historia,
y mías las certezas:

Mi libertad comienza donde acaba su infierno.
No hay más vida posible que después de su muerte.

**

Sin embargo. Quiero decir con esto que la memoria sabe y sin embargo. Esto sigue. Aquí. Una y otra vez sigue no es posible olvidar el presente no es posible porque es así, uno olvida, olvida la otra raya la última la olvida la perdona, pero otra vez es eso, meditación, *aquí y ahora* siempre, y no se puede. Habría que matarla. A veces pienso en eso. Digo pienso no es eso no es pensar, es matarla, sin eso justamente, sin pensar acabarla, de pronto cualquier día con un golpe, con rabia un golpe seco, violento el golpe rabia que termine, que termine el desastre que termine para que empiece algo no lo sé con mis manos quisiera con mis manos acabarle la vida a veces pienso, esto sí que lo pienso, que le haría un favor asesinándola y un juez comprendería, creo, que no se puede esto, que no es posible. Otras veces soy yo mi propio juez. Y regreso a la culpa. Y así todo.

3/ REGRESAR

Hay un momento sólido, cristal irrepetible (…)
CARLOS PALACIO PALA

Muy pronto en mi vida fue demasiado tarde.
MARGUERITE DURAS

6/

Todo me lleva aquí.
A este instante concreto.

Debemos ser olvido. Muy poco más que eso.
Porque sucede a veces que todo se despeña,
y ya no se conserva ni tan siquiera aquello
que hubiese sido mapa, o espejo, o salvavidas.

Hoy la palabra historia suena con grises lentos.
La arcilla se ha hecho piedra,
y los surcos, vacíos.

Tengo sangre en los ojos y once años
que han quedado muy lejos
de los colores vivos.

Tal vez sea por eso,
por la mirada espesa,
o por la piedra inhóspita,
o por los grises lentos,
que en la misma encimera que me quebró el azúcar
abro este caramelo como quien cierra círculos,
y espero el beso amargo como quien rompe barcos.

Lo que pudo ser nube se hace nube.
El paraíso es eso,
paraíso,
imposible.

Tal vez sea por eso —porque pienso *imposible*—
que, aunque tengo en los ojos la palabra *regreso*,
me coloco el billete, desquiciado, y agacho la cabeza,
y me esnifo mis sueños,
y mi infancia,
y mi mundo.

5/

Ayer es más ayer. Es casi nunca.

Llega un tiempo en el tiempo en que ya no hay pupitres,
    prodigios o silencios
que devuelvan al ojo lo que ya no es del ojo.

Uno irrumpe —eso es cierto— en las aulas desiertas por
    donde huyen los días lamentándose,
pero ya no es futuro lo que atardece el lienzo
y el gris en la mirada
se ha hecho rojo en la sílaba.

Münch aquí ya no existe.
El cuadro es un espejo.
Hay algo que agoniza (no sé si aquí o enfrente)
y el pájaro me increpa desde su olvido pálido
mientras me rompe el tímpano con un grito al que acuden
las hienas de la infancia.

Y el grito va tomándome, desgarradoramente.
Vuelve a gritar por dentro, indistinguible.

Y ya no sé si existe,
si ha existido,
o si este modo atroz de acometer la carne
es tan sólo la forma que tiene la locura de llamar a mi
    puerta.

4/

El que cierra este círculo,
el que vuelca este espejo, sin preguntas, con un gramo
    en la mano,
sólo sabe de dientes, de siglos, o de espejos,
que la culpa es la sílaba que hay entre raya y raya.

Y aun así se hace náufrago de su propia inexistencia,
bucea entre sus heces,
e imagina las formas —es decir, las recuerda— de
    aquellas piedras grises
que eran sueños —o pájaros—
y ahora están bajo el agua.

E imagina aquel gesto —es decir, puede verlo—, que
    hizo del padre espejo
y de los sueños, nada.

La memoria es la piedra.
Lo que fue comprendido se ha esfumado,
pero eso siempre deja más vacíos los ojos.

Y este olvido -que es muchos-
en que nada perdura más allá de la lágrima
y el blanco de la página es cada vez más blanco,
trae a este verso algo que jamás fue pensado:
en los ojos del niño nunca tuvo sentido la palabra *sentido*.
Sólo importaba el sueño, y el sentido era ese:
cuatro saltos salvajes, equidistantes, limpios.

3/

Todo es narrarse, digo.

Y al final poco importa
quién destapó el silencio,
quién dio voz a la sílaba,
o cómo era la alfombra que abrigaba las nubes
antes de que llovieran los cristales del tiempo.

Todo es narrarse, digo.
Un canto hecho de cantos.

Y al final de la historia es siempre el que se canta
quien decide si el tango
le suena a canción fúnebre,
o si pisa cristales,
y duele un poco,
y baila.

2/

El gesto incandescente de mirarse en la foto
implica siempre verse
—es decir, inventarse—.

En las fauces del tiempo existe un círculo
—el niño, que regresa, ya lo sabe—
por el que los recuerdos se despeñan, inútiles,
y los *qué hubiera sido* ponen a arder la sílaba.

El gesto es siempre el mismo:
entre el ojo nostálgico y el papel resina
distan veinte centímetros
—es decir, treinta años—
y un cúmulo indecible de desastres
y abrazos que no se dieron nunca.

Las verdades asoman, indefectiblemente,
desde el marco intocable de la foto.

El olvido y los sueños se van deshilachando
—y esto también es siempre—
y ante eso uno puede querer romperlo todo,
o abrazar lo que quede (por muy poco que sea)
de los ojos del niño, en los ojos del hombre,
para vivir con furia,
que es, al fin y al cabo,
lo único preciso.

1/

Este verso de espuma,
este surco indecible y agrietado,
arado en un silencio que ha alcanzado su orilla,
lo escribe un hombre alegre
que ha estallado en la sílaba
pero ha visto en la hoguera razones para el canto.

El hombre sólo es eso,
una infancia que tarda.

Pero sobre la página donde antes hubo círculos,
y se ahogaron las piedras,
y se rompieron barcos,
el hombre —casi alegre— se demora en la música
igual que se demora la memoria en el beso.

Cuando escribe *sentido*, ya no busca el sentido.
Sólo siente los ecos de su cuaderno intacto
y se mira en la foto
—que vuelve a ser espejo—.

Este gesto infinito de deshojar la espina
lo pinta un niño lento
demorado en la lágrima,
y al que un día, de pronto, se le secó la lágrima.

Uno que ha visto círculos trazados sobre círculos
salirse de la página como un pájaro hastiado,

y esbozar espirales en el aire que rompieron con furia la
palabra *regreso*
para poner ventanas en la palabra *nunca*.

4/ ANTE-EPITAFIO

תָּנוּחַ
tanuji
'descansarás'

EL ROSTRO DE MI MADRE

Han pasado los libros y los olvidos lánguidos,
los círculos, las piedras, el desastre,
y esto que fue mi historia ya no existe
más allá del silencio.

Tan solo queda el rostro.
El rostro de mi madre. Inexistente.
Desangrado de dientes y de sueños.
En el que duramente sostengo la mirada.

Un rostro apenas vivo, abandonado.
Con su dolor de mundo que crece carne adentro
y va horadando arrugas que parecen puñales.

Sólo queda su rostro,
desierto de futuro.
Despoblado de luz y de sonrisa.
Testigo incorruptible de las deflagraciones.
Su rostro en el que pudo haber un rostro.
Su rostro en que la muerte se abre paso.

ÍNDICE